Preeti Rathi

Conceito básico de estrutura de dados

Preeti Rathi

Conceito básico de estrutura de dados

Imprint

Any brand names and product names mentioned in this book are subject to trademark, brand or patent protection and are trademarks or registered trademarks of their respective holders. The use of brand names, product names, common names, trade names, product descriptions etc. even without a particular marking in this work is in no way to be construed to mean that such names may be regarded as unrestricted in respect of trademark and brand protection legislation and could thus be used by anyone.

Cover image: www.ingimage.com

This book is a translation from the original published under ISBN 978-620-7-81110-6.

Publisher:
Sciencia Scripts
is a trademark of
Dodo Books Indian Ocean Ltd. and OmniScriptum S.R.L publishing group

120 High Road, East Finchley, London, N2 9ED, United Kingdom
Str. Armeneasca 28/1, office 1, Chisinau MD-2012, Republic of Moldova, Europe
Printed at: see last page
ISBN: 978-620-7-90806-6

Índice

Capítulo:1 Introdução às estruturas de dados

1.1 Estruturas de dados

Uma **estrutura de dados** é uma forma de organizar e armazenar dados num computador para que possam ser acedidos e utilizados de forma eficiente. Define um formato específico para organizar e armazenar dados na memória, permitindo a realização de operações nos dados de forma fácil e eficiente. As estruturas de dados são blocos de construção fundamentais utilizados na programação e nas ciências informáticas para gerir colecções de dados, desde simples matrizes e listas a estruturas mais complexas como árvores e gráficos. A escolha da estrutura de dados pode afetar significativamente a eficiência dos algoritmos e o desempenho dos sistemas de software.

1.2 Importância das estruturas de dados

A **importância das estruturas de dados** na ciência da computação e na engenharia de software reside no seu papel fundamental na organização, gestão e manipulação eficiente dos dados. Eis as principais razões pelas quais as estruturas de dados são essenciais:

1. **Acesso e recuperação eficientes de dados:** As estruturas de dados fornecem métodos optimizados para armazenar e aceder a dados, reduzindo a complexidade do tempo e melhorando a eficiência dos algoritmos.
2. **Utilização optimizada da memória:** Permitem a utilização eficiente da memória, estruturando os dados de forma a minimizar o desperdício e maximizar a utilização.
3. **Apoio à conceção de algoritmos:** As estruturas de dados facilitam a implementação de algoritmos, fornecendo estruturas adequadas para várias tarefas computacionais, como a ordenação, a pesquisa e a travessia de gráficos.
4. **Melhoria do desempenho do programa:** As estruturas de dados bem escolhidas podem melhorar significativamente o desempenho das aplicações de software, tornando-as mais rápidas e mais reactivas.
5. **Escalabilidade e facilidade de manutenção:** As estruturas de dados corretamente concebidas contribuem para a escalabilidade e a facilidade de manutenção dos sistemas de software, permitindo-lhes tratar conjuntos de dados maiores e evoluir ao longo do tempo com um esforço mínimo.
6. **Aplicações no mundo real:** São parte integrante de vários domínios, como bases de dados, sistemas operativos, protocolos de rede, compiladores, etc., desempenhando um papel crítico na funcionalidade e eficiência destes sistemas.

Essencialmente, compreender e utilizar eficazmente as estruturas de dados são competências essenciais para os cientistas informáticos e engenheiros de software desenvolverem algoritmos eficientes, conceberem sistemas robustos e fornecerem aplicações de elevado desempenho em diversos ambientes informáticos.

1.3 Visão geral das estruturas de dados comuns

A "Visão geral das estruturas de dados comuns" fornece uma introdução estruturada às formas fundamentais de organizar e armazenar dados na memória do computador. Segue-se uma explicação pormenorizada de cada categoria normalmente abrangida por esta visão geral:

Matrizes

- **Definição e características**: As matrizes são um bloco contíguo de elementos de memória indexados por números inteiros. Permitem uma complexidade de tempo $O(1)$ para aceder aos elementos, mas a inserção e eliminação de elementos pode exigir o deslocamento de elementos, resultando numa complexidade de tempo $O(n)$.
- **Operações**: As operações básicas incluem o acesso a elementos por índice, a inserção de elementos em posições específicas e a eliminação de elementos.
- **Matrizes multidimensionais**: As matrizes podem ter várias dimensões (2D, 3D, etc.), que são implementadas utilizando matrizes aninhadas ou ponteiros.

Listas ligadas

- **Tipos**: As listas ligadas existem em várias formas:
    - **Listas ligadas simples**: Cada elemento aponta para o elemento seguinte na sequência.
    - **Listas duplamente ligadas**: Cada elemento aponta tanto para o elemento seguinte como para o anterior.
    - **Listas ligadas circulares**: O último elemento aponta de volta para o primeiro elemento, formando um círculo.
- **Operações**: As principais operações incluem a inserção, a eliminação e a passagem (iteração através de elementos).

Pilhas

- **Princípio LIFO**: As pilhas seguem o princípio do último a entrar, primeiro a sair, em que o último elemento inserido é o primeiro a ser removido.

- **Operações**: As operações básicas incluem push (adicionar um elemento ao topo da pilha), pop (remover o elemento do topo) e peek (ver o elemento do topo sem remover [it).

Filas de espera

- **Princípio FIFO**: As filas de espera seguem o princípio First In, First Out, em que o primeiro elemento inserido é o primeiro a ser removido.
- **Operações**: As operações principais incluem enqueue (adicionar um elemento à parte de trás da fila), dequeue (remover um elemento da frente) e peek (ver o elemento da frente sem o remover).
- **Tipos**: As variantes incluem filas lineares, filas circulares e filas prioritárias (em que os elementos são retirados da fila com base na prioridade).

Árvores

- **Árvores binárias**: Cada nó tem no máximo dois filhos (à esquerda e à direita). As operações incluem métodos de travessia como inorder, preorder e postorder.
- **Árvores de pesquisa binárias (BST)**: Um tipo de árvore binária em que o filho esquerdo é mais pequeno e o filho direito é maior do que o nó pai. Suporta operações eficientes de pesquisa, inserção e eliminação.
- **Árvores equilibradas**: As árvores AVL e as árvores Red-Black são exemplos de árvores equilibradas que mantêm uma estrutura equilibrada para garantir operações eficientes.

Gráficos

- **Definições e propriedades**: Os grafos são constituídos por vértices (nós) ligados por arestas. Podem ser dirigidos ou não dirigidos, ponderados ou não ponderados.
- **Representações**: Os grafos podem ser representados usando matrizes de adjacência (para grafos densos) ou listas de adjacência (para grafos esparsos).
- **Algoritmos de travessia**: O Depth-First Search (DFS) e o Breadth-First Search (BFS) são algoritmos comuns utilizados para percorrer e pesquisar grafos.

Tabelas de Hash

- **Funções de hashing**: As tabelas de hash utilizam funções de hash para mapear chaves para índices numa matriz (tabela de hash). Para resolver as colisões, são utilizadas técnicas de tratamento de colisões como o encadeamento (utilizando listas ligadas) ou o endereçamento aberto (métodos de sondagem).

- **Operações**: As operações incluem inserção, eliminação e pesquisa, todas elas tipicamente O(1) em média.

Montes

- **Tipos**: Os heaps são árvores especializadas em que cada nó pai é mais pequeno (heap mínimo) ou maior (heap máximo) do que os seus filhos.
- **Operações**: As operações básicas incluem a inserção, a eliminação (que normalmente remove o elemento raiz) e a heapificação (reestruturação da heap após uma operação).

Tentativas

- **Definição e estrutura**: Tries (árvores de prefixos) são estruturas em árvore utilizadas para armazenar cadeias de caracteres em que cada nó representa um prefixo comum.
- **Operações**: As operações incluem inserção, pesquisa e correspondência de prefixos, tornando-as eficientes para aplicações do tipo dicionário e sistemas de auto-completar.

Estruturas de dados avançadas

- **Árvores de segmentos**: Utilizadas para consultas e actualizações eficientes de intervalos em matrizes.
- **União de conjuntos disjuntos (Union-Find)**: Estrutura de dados para gerir conjuntos disjuntos e implementar operações de união e procura de forma eficiente.
- **Árvores B e Árvores B+**: Árvores balanceadas usadas para organizar dados em disco e consultas de intervalo eficientes.

Esta visão geral apresenta um olhar abrangente sobre as estruturas de dados comuns utilizadas na informática, destacando as suas definições, operações, tipos e aplicações. Cada estrutura de dados oferece vantagens únicas e é escolhida com base em requisitos específicos e considerações de desempenho em diferentes tarefas e aplicações computacionais.

Referências:

Livros

- "Introduction to Algorithms" de Thomas H. Cormen, Charles E. Leiserson, Ronald L. Rivest e Clifford Stein
- "Estruturas de Dados e Algoritmos em Java" por Robert Lafore
- "Algorithms" de Robert Sedgewick e Kevin Wayne

- "Estruturas de Dados e Análise de Algoritmos em C++" de Mark Allen Weiss
- "The Algorithm Design Manual" de Steven S. Skiena

Sítios Web

- GeeksforGeeks (geeksforgeeks.org)
- TutorialsPoint (tutorialspoint.com)
- Coursera (coursera.org)
- Stack Overflow (stackoverflow.com)
- Codecademy (codecademy.com)

Capítulo: 2 Matrizes

2.1 Introdução às matrizes

☐ **Definição e características**

* As matrizes são uma estrutura de dados fundamental que consiste numa coleção de elementos armazenados em posições de memória contíguas.
* Cada elemento é acedido pelo seu índice, que começa em 0 em muitas linguagens de programação.
* As matrizes têm um tamanho fixo determinado no momento da declaração.

☐ **Aplicações e casos de utilização**

* As matrizes são amplamente utilizadas na programação para tarefas como o armazenamento de colecções de dados, a implementação de matrizes para operações matemáticas e a representação de imagens em computação gráfica.
* São eficientes no acesso aleatório, mas menos flexíveis em termos de dimensão devido à sua afetação fixa na memória.

☐ **Vantagens e limitações**

* **Vantagens**: Complexidade temporal $O(1)$ para aceder aos elementos, utilização eficiente da memória.
* **Limitações**: Tamanho fixo, dificuldade em inserir ou eliminar elementos no meio sem deslocação.

2.2 Operações em matrizes

1. **Acesso a elementos**
   - **Descrição**: Recuperação do valor de um elemento armazenado num índice específico.
   - **Complexidade temporal**: $O(1)$ - Complexidade temporal constante desde o acesso direto via índice.
2. **Inserção**
   - **Descrição**: Adiciona um elemento numa posição especificada dentro da matriz.
   - **Passos**:

     Deslocar: Se estiver a inserir no meio ou no início, desloque todos os elementos subsequentes para criar espaço.

- **Inserir**: Colocar o novo elemento na posição pretendida.
- **Complexidade temporal**: O(n) - Complexidade de tempo linear devido ao potencial de deslocação de elementos.

3. **Eliminação**
   - **Descrição**: Remoção de um elemento de uma posição específica na matriz.
   - **Passos**:
     - **Deslocação**: Depois de remover o elemento, deslocar todos os elementos subsequentes para fechar o espaço.
   - **Complexidade temporal**: O(n) - Complexidade de tempo linear devido ao potencial de deslocação de elementos.

4. **Atualização de elementos**
   - **Descrição**: Modificação do valor de um elemento existente num índice específico.
   - **Complexidade temporal**: O(1) - Complexidade de tempo constante, uma vez que envolve acesso e modificação directos.

5. **Pesquisa**
   - **Descrição**: Encontrar o índice de um elemento específico ou determinar se este existe na matriz.
   - **Abordagens**:
     - **Pesquisa linear**: Percorre a matriz sequencialmente para encontrar o elemento. Complexidade temporal: O(n).
     - **Pesquisa binária**: Aplicável apenas a matrizes ordenadas. Complexidade temporal: O(log n).

6. **Ordenação**
   - **Descrição**: Disposição dos elementos numa ordem específica (ascendente ou descendente).
   - **Abordagens**:
     - **Bubble Sort, Selection Sort, Insertion Sort**: Complexidade temporal $O(n^2)$.
     - **Merge Sort, Quick Sort**: Complexidade de tempo O(n log n).

7. **Iteração através da matriz**
   - **Descrição**: Aceder sequencialmente a cada elemento da matriz.
   - **Complexidade temporal**: O(n) - Complexidade de tempo linear devido ao facto de visitar cada elemento uma vez.

8. **Cópia de matrizes**

   o **Descrição**: Criação de um duplicado de uma matriz, uma cópia superficial ou profunda, consoante a linguagem de programação.

   o **Abordagens**:

   - **Cópia manual**: Copiar iterativamente cada elemento para uma nova matriz.

   - **Funções de biblioteca**: Utilização de funções incorporadas para copiar matrizes.

9. **Mesclagem de matrizes**

   o **Descrição**: Combinação de duas ou mais matrizes numa única matriz.

   o **Abordagens**:

   - **Concatenação**: Simplesmente acrescentando elementos de uma matriz a outra.

   - **Mesclagem ordenada**: Mescla eficientemente duas matrizes ordenadas em uma única matriz ordenada.

10. **Divisão de matrizes**

   o **Descrição**: Dividir uma matriz em várias matrizes ou segmentos mais pequenos.

   o **Abordagens**:

   - **Divisão manual**: Extração iterativa de elementos com base em condições especificadas.

   - **Funções de biblioteca**: Utilização de funções incorporadas para dividir matrizes com base em índices ou condições.

A compreensão destas operações é fundamental para a utilização efectiva de arrays na programação e conceção de algoritmos. Cada operação tem implicações na complexidade do tempo, na utilização da memória e na eficiência, que são considerações críticas no desenvolvimento de software.

2.3 Matrizes multidimensionais

Definição e características

Definição: As matrizes multidimensionais são matrizes que armazenam elementos em várias dimensões, formando matrizes (2D), tensores (3D) e dimensões superiores.

Estrutura: Os elementos são acedidos através de múltiplos índices, em que cada índice corresponde a uma dimensão.

Matrizes bidimensionais (Matrizes)

Descrição: Matrizes com duas dimensões dispostas em linhas e colunas.

Acesso a elementos: Acedidos através de dois índices (índice de linha e índice de coluna).

Operações:

Inserção: Adição de elementos em posições específicas (linha, coluna).

Eliminação: Remoção de elementos de posições especificadas, exigindo a deslocação de elementos.

Percurso: Iteração através de linhas e colunas para processar cada elemento.

Matrizes tridimensionais (Tensores)

Descrição: Matrizes com três dimensões, normalmente utilizadas em aplicações que envolvem dados espaciais 3D ou dados volumétricos.

Acesso a elementos: Acedidos através de três índices (profundidade, linha, coluna).

Operações:

Inserção e eliminação: Semelhante às matrizes 2D, mas com um índice de profundidade adicional.

Percurso: Iteração através de cada dimensão para processar elementos.

Matrizes de dimensões superiores

Descrição: Matrizes com mais de três dimensões, utilizadas em cálculos científicos complexos, processamento de imagens e modelos de simulação.

Acesso a elementos: Acedidos através de múltiplos índices correspondentes a cada dimensão.

Operações:

Manipulação: Operações semelhantes às das matrizes de dimensões inferiores, mas generalizadas a dimensões superiores.

Aplicações: Manipulação eficiente de estruturas de dados multidimensionais.

Considerações sobre a implementação

Disposição da memória: As matrizes são normalmente armazenadas em memória contígua e as matrizes multidimensionais seguem uma ordem específica (maior linha ou maior coluna), dependendo da linguagem de programação e da arquitetura do sistema.

Desempenho: O acesso a elementos em matrizes multidimensionais envolve o cálculo de deslocamentos com base em índices, afectando o desempenho com base ncs padrões de acesso à memória.

Aplicações

Processamento de imagens: Representação e manipulação de imagens como conjuntos de pixéis 2D ou 3D.

Computação gráfica: Armazenamento e processamento de modelos e cenas 3D utilizando tensores.

Computação científica: Tratamento de conjuntos de dados multidimensionais em simulações e cálculos matemáticos.

A compreensão das matrizes multidimensionais é crucial para aplicações que requerem a representação de dados estruturados em várias dimensões, permitindo a manipulação e o processamento eficientes de dados em vários domínios da informática e da engenharia.

Referências:

Livros

- "Introduction to Algorithms" de Thomas H. Cormen, Charles E. Leiserson, Ronald L. Rivest e Clifford Stein
- "Estruturas de Dados e Algoritmos em Java" por Robert Lafore
- "Algorithms" de Robert Sedgewick e Kevin Wayne
- "Estruturas de Dados e Análise de Algoritmos em C++" de Mark Allen Weiss
- "The Algorithm Design Manual" de Steven S. Skiena

Sítios Web

- GeeksforGeeks (geeksforgeeks.org)
- TutorialsPoint (tutorialspoint.com)
- Coursera (coursera.org)
- Stack Overflow (stackoverflow.com)
- Codecademy (codecademy.com)

Capítulo: 3 Listas ligadas

3.1 Listas ligadas de forma simples

□ **Definição e características**

- **Definição**: Uma lista ligada simples é uma estrutura de dados linear em que cada elemento (nó) contém duas partes: dados e uma referência (ligação) ao nó seguinte na sequência.
- **Estrutura**: Os nós estão ligados de forma sequencial, com cada nó a apontar para o nó seguinte na lista.
- **Terminação**: O último nó aponta para nulo, indicando o fim da lista.

□ **Operações**

- **Inserção**
    - **No início**: Inserção de um novo nó no início da lista.
    - **No final**: Acrescentar um novo nó no final da lista.
    - **No meio**: Inserção de um novo nó entre dois nós existentes.
- **Eliminação**
    - **Desde o início**: Removendo o primeiro nó da lista.
    - **Do Fim**: Remover o último nó da lista.
    - **Do meio**: Remoção de um nó entre dois nós.
- **Travessia**: Iteração através da lista para aceder ou manipular os dados de cada nó.
- **Pesquisa**: Encontrar um nó com um valor ou posição específica na lista.

□ **Vantagens**

- **Tamanho dinâmico**: As listas ligadas simples podem aumentar ou diminuir de tamanho dinamicamente, uma vez que a atribuição de memória é flexível.
- **Facilidade de inserção e eliminação**: As operações de inserção e eliminação podem ser eficientes (O(1)) quando efectuadas na cabeça, mas O(n) no pior dos casos para inserção no fim ou no meio.
- **Utilização eficiente da memória**: A memória é alocada apenas quando os nós são adicionados, fazendo uso eficiente da memória.

☐ **Desvantagens**

- **Acesso sequencial**: Ao contrário das matrizes, as listas ligadas simples não suportam acesso aleatório. O acesso a um elemento requer que a lista seja percorrida desde o início.
- **Espaço extra para ponteiros**: Cada nó contém um ponteiro/referência adicional, aumentando a sobrecarga de memória em comparação com as matrizes.
- **Sem retrocesso**: A travessia é unidirecional; não é fácil fazer a travessia para trás sem modificações ou utilizando uma lista duplamente ligada.

☐ **Aplicações**

- **Alocação dinâmica de memória**: As listas ligadas simples são utilizadas em sistemas de gestão de memória para atribuir e desalocar blocos de memória de forma dinâmica.
- **Implementação de pilhas e filas**: As listas ligadas simples servem como a estrutura de dados subjacente para a implementação de pilhas (LIFO) e filas (FIFO).
- **Representação de polinómios**: Representação de polinómios em que cada nó representa um termo do polinómio.

☐ **Considerações sobre a implementação**

- **Estrutura do nó**: Normalmente, os nós contêm um campo de dados e um campo de ponteiro/referência para o nó seguinte.
- **Gestão de memória**: A gestão correcta da memória é essencial, incluindo a desalocação de nós que já não são necessários para evitar fugas de memória.
- **Casos extremos**: O tratamento de operações para listas vazias ou listas com um ou poucos nós requer uma consideração especial.

3.2 Listas duplamente ligadas

1. **Definição e características**

   o **Definição**: Uma lista duplamente ligada é uma estrutura de dados linear em que cada elemento (nó) contém três partes: dados, uma referência (ligação) ao nó seguinte e uma referência (ligação) ao nó anterior.

   o **Estrutura**: Os nós estão ligados em ambas as direcções, permitindo a passagem da cabeça para a cauda e vice-versa.

   o **Terminação**: O ponteiro anterior do primeiro nó e o ponteiro seguinte do último nó apontam para null, indicando o início e o fim da lista, respetivamente.

2. **Operações**
   o **Inserção**
      - **No início**: Inserção de um novo nó no início da lista.
      - **No fim**: Acrescentar um novo nó no final da lista.
      - **No meio**: Inserção de um novo nó entre dois nós existentes.
   o **Eliminação**
      - **Desde o início**: Removendo o primeiro nó da lista.
      - **Do fim**: Removendo o último nó da lista.
      - **Do meio**: Remoção de um nó entre dois nós.
   o **Travessia**: Iteração através da lista em ambas as direcções (para a frente e para trás).
   o **Pesquisar**: Encontrar um nó com um valor ou posição específica na lista.

3. **Vantagens**
   o `Travessia` **bidirecional**: As listas duplamente ligadas suportam a passagem em ambas as direcções, permitindo uma passagem para trás eficiente em comparação com as listas ligadas simples.
   o **Tamanho dinâmico**: À semelhança das listas ligadas simples, as listas duplamente ligadas podem crescer ou diminuir dinamicamente.
   o **Inserção e eliminação eficientes**: As operações de inserção e eliminação são O(1) no início ou no fim, e O(n) no pior dos casos para operações no meio.

4. **Desvantagens**
   o **Espaço extra para ponteiros**: Cada nó contém dois apontadores extra (seguinte e anterior), o que aumenta a sobrecarga de memória em comparação com as listas ligadas simples.
   o **Complexidade**: A gestão de dois apontadores para cada nó aumenta a complexidade da implementação e da manutenção em comparação com as listas ligadas simples.
   o **Utilização de memória**: Requer mais memória do que as matrizes devido ao armazenamento adicional de ponteiros.

5. **Aplicações**
   o **Histórico do navegador**: Armazenamento de URLs visitados num browser com a capacidade de navegar para a frente e para trás.
   o **Funcionalidade de desfazer**: Implementação de operações de desfazer em editores de texto ou aplicações gráficas.

- o **Implementação da cache**: Gestão de itens recentemente acedidos na memória cache com acesso e remoção rápidos.

6. **Considerações sobre a implementação**
   - o **Estrutura do nó**: Os nós contêm campos de dados e ponteiros para os nós seguinte e anterior.
   - o **Gerenciamento de memória**: A gestão correcta da memória é crucial para evitar fugas de memória, especialmente quando se desalocam nós.
   - o **Casos extremos**: O tratamento de operações para listas vazias ou listas com um ou poucos nós requer uma consideração especial.

A compreensão das listas duplamente ligadas é essencial, uma vez que estas oferecem uma funcionalidade melhorada em relação às listas simples, em especial em cenários em que é necessário efetuar uma passagem bidirecional e operações de inserção/eliminação eficientes. São amplamente utilizadas em várias aplicações em que a gestão dinâmica de dados e a flexibilidade de passagem são fundamentais.

3.3 Listas ligadas circulares

1. **Definição e características**
   - o **Definição**: Uma lista ligada circular é uma variação de uma lista ligada em que o último nó aponta para o primeiro nó, formando um ciclo circular.
   - o **Estrutura**: Os nós têm duas partes: dados e uma referência (ligação) para o nó seguinte na sequência. O ponteiro seguinte do último nó aponta de volta para o primeiro nó, criando uma estrutura circular.
   - o **Terminação**: Ao contrário das listas ligadas tradicionais, não há terminação nula; a travessia pode, teoricamente, continuar indefinidamente de forma circular.

2. **Operações**
   - o **Inserção**
     - ■ **No início**: Inserção de um novo nó no início da lista.
     - ■ **No fim**: Acrescenta um novo nó no final da lista, ajustando o próximo ponteiro do último nó para apontar de volta para o primeiro nó.
     - ■ **No meio**: Inserção de um novo nó entre dois nós existentes.
   - **Eliminação**
     - ■ **Desde o início**: Removendo o primeiro nó da lista, ajustando o ponteiro de cabeça para o próximo nó.
     - ■ **Do Fim**: Removendo o último nó da lista, ajustando o próximo ponteiro do último nó para apontar para o novo último nó.

- **Do meio**: Remover um nó entre dois nós, ajustando o ponteiro seguinte do nó anterior para saltar o nó removido.

3. **Travessia**
   - **Percurso circular**: Percorrer a lista a partir de qualquer nó e continuar até atingir novamente o nó inicial.
   - **Aplicações**: Muitas vezes envolve verificar se o nó atual é o nó inicial para terminar a travessia.

4. **Vantagens**
   - **Operações circulares eficientes**: Uma vez iniciada a travessia, todos os nós podem ser alcançados sem qualquer condição de término, simplificando as operações de travessia circular.
   - **Tamanho dinâmico**: Tal como as listas ligadas tradicionais, as listas ligadas circulares podem aumentar ou diminuir de tamanho de forma dinâmica.
   - **Simplicidade de implementação**: Operações como a rotação e a iteração circular podem ser implementadas de forma mais eficiente do que em listas ligadas lineares.

5. **Desvantagens**
   - **Implementação complexa**: A gestão da natureza circular da lista acrescenta complexidade a operações como a inserção, a eliminação e a travessia, em comparação com as listas ligadas lineares.
   - **Sobrecarga de memória**: Cada nó continua a necessitar de memória para armazenar um ponteiro para o nó seguinte, à semelhança das listas ligadas lineares.

6. **Aplicações**
   - **Programação circular**: Implementação de algoritmos de agendamento em que os processos ou tarefas são agendados de forma circular.
   - **Listas de reprodução de música ou vídeo**: Criar listas de reprodução circulares em que o último item regressa ao primeiro item.
   - **Atribuição de memória**: Gerir blocos de memória livre em sistemas operativos utilizando esquemas de atribuição circular.

7. **Considerações sobre a implementação**
   - **Estrutura do nó**: Os nós contêm campos de dados e um ponteiro para o nó seguinte na sequência.
   - **Tratamento de casos extremos**: Assegurar o tratamento correto de listas vazias e de listas com um ou poucos nós, particularmente em operações e travessias

circulares.

A compreensão das listas ligadas circulares é crucial, especialmente em aplicações que requerem estruturas de dados circulares ou de passagem contínua. Estas oferecem vantagens e desafios únicos em comparação com as listas ligadas lineares tradicionais, afectando a sua adequação a cenários específicos de programação e conceção de sistemas.

Referências:

Livros

- "Introduction to Algorithms" de Thomas H. Cormen, Charles E. Leiserson, Ronald L. Rivest e Clifford Stein
- "Estruturas de Dados e Algoritmos em Java" por Robert Lafore
- "Algorithms" de Robert Sedgewick e Kevin Wayne
- "Estruturas de Dados e Análise de Algoritmos em C++" de Mark Allen Weiss
- "The Algorithm Design Manual" de Steven S. Skiena

Sítios Web

- GeeksforGeeks (geeksforgeeks.org)
- TutorialsPoint (tutorialspoint.com)
- Coursera (coursera.org)
- Stack Overflow (stackoverflow.com)
- Codecademy (codecademy.com)

Capítulo: 4 Pilhas

4.1Introdução às pilhas

☐ **Definição e características**

- **Definição**: Uma pilha é uma estrutura de dados linear que segue o princípio do último a entrar, primeiro a sair (LIFO), em que os elementos são inseridos e removidos da mesma extremidade, conhecida como o topo da pilha.
- **Estrutura**: As operações são efectuadas numa das extremidades (topo) da pilha, permitindo apenas o acesso ao elemento mais elevado.
- **Terminação**: As pilhas são normalmente implementadas com um tamanho fixo (estático) ou com um redimensionamento dinâmico (dinâmico).

☐ **Implementação**

- **Implementação baseada em matrizes**: As pilhas podem ser implementadas utilizando matrizes em que operações como push e pop ajustam o índice superior.
- **Implementação de listas ligadas**: Utilizando listas ligadas, em que cada nó contém um elemento de dados e um ponteiro para o nó seguinte.

☐ **Vantagens**

- **Operações eficientes**: As operações push e pop têm uma complexidade temporal O(1), tornando as pilhas eficientes para gerir elementos por ordem LIFO.
- **Simples e fácil de implementar**: A implementação de operações de pilha usando matrizes ou listas ligadas é simples, exigindo uma sobrecarga mínima.

☐ **Desvantagens**

- **Acesso limitado**: O acesso a outros elementos para além dos de topo requer a remoção de vários elementos, o que pode ser ineficiente.
- **Estouro de pilha**: As matrizes estáticas podem transbordar se o tamanho da pilha exceder a sua capacidade alocada.
- **Gestão dinâmica da memória**: As implementações de listas ligadas podem incorrer em sobrecarga de memória devido ao armazenamento de ponteiros.

Considerações

- **Gerenciamento de memória**: Gestão correcta da memória da pilha para evitar condições de excesso ou falta de fluxo.
- **Desenho de algoritmos**: Conceber algoritmos que utilizem operações de pilha de forma eficiente, tendo em conta as restrições de pilha e os padrões de utilização.

4.2 Operações em pilhas

- **Funcionamento por pressão**

  - **Descrição**: Adicionar um elemento ao topo da pilha.
  - **Passos**:
    - o Aumentar o ponteiro/índice superior.
    - o Colocar o novo elemento na posição incrementada.
  - **Complexidade de tempo**: O(1) - Complexidade de tempo constante, pois envolve uma única operação independentemente do tamanho da pilha.

- **Operação Pop**

  - **Descrição**: Remoção do elemento mais alto da pilha.
  - **Passos**:
    - o Recupera o elemento na posição superior atual.
    - o Diminuir o ponteiro/índice superior.
    - o Opcionalmente, devolve ou utiliza o elemento removido.
  - **Complexidade de tempo**: O(1) - Complexidade de tempo constante, pois envolve uma única operação independentemente do tamanho da pilha.

- **Operação Peek (Top)**

  - **Descrição**: Visualizar o elemento mais alto da pilha sem o remover.

  - **Passos**:
    - o Recupera o elemento na posição superior atual.
    - o Não modificar a estrutura da pilha (não alterar o ponteiro/índice superior).
  - **Complexidade de tempo**: O(1) - Complexidade de tempo constante, uma vez que envolve o acesso direto ao elemento de topo.

* **Operação IsEmpty**

  * **Descrição**: Verifica se a pilha está vazia.
  * **Passos**:
    * Verificar se o ponteiro/índice superior é igual a -1 (para implementação baseada em matriz) ou se o ponteiro superior é nulo (para implementação em lista ligada).
    * Devolver verdadeiro se estiver vazio, falso caso contrário.
  * **Complexidade temporal**: $O(1)$ - Complexidade de tempo constante, uma vez que envolve uma comparação simples.

* **Operação IsFull** (aplicável a pilhas atribuídas estaticamente)

  * **Descrição**: Verifica se a pilha está cheia e não pode acomodar mais elementos.
  * **Passos**:
    * Verificar se o ponteiro/índice superior é igual à capacidade máxima (tamanho - 1) da matriz da pilha.
    * Devolver verdadeiro se estiver cheio, falso caso contrário.
  * **Complexidade temporal**: $O(1)$ - Complexidade de tempo constante, uma vez que envolve uma comparação simples.

* **Limpar operação**

  * **Descrição**: Remoção de todos os elementos da pilha.
  * **Passos**:
    * Redefinir ou inicializar a estrutura da pilha (redefinir o ponteiro/índice superior para -1 ou nulo).
    * Opcionalmente, libertar a memória ocupada pelos elementos.
  * **Complexidade temporal**: $O(1)$ - Complexidade temporal constante, uma vez que envolve a reposição de um ponteiro/índice.

- Tamanho Funcionamento

  * **Descrição**: Obtenção do número atual de elementos na pilha.
  * **Passos**:
    * Devolver o valor do ponteiro/índice superior + 1 (para implementação baseada em matriz) ou percorrer e contar nós (para implementação de lista ligada).
  * **Complexidade temporal**: $O(1)$ para a implementação baseada em matrizes (acesso

direto), O(n) para a implementação em listas ligadas (contagem de nós).

* **Travessia**

  * **Descrição**: Iteração através de todos os elementos da pilha, de cima para baixo.
  * **Passos**:
    o Comece por cima e desloque-se para baixo (se necessário).
    o Aceder a cada elemento sequencialmente ou conforme necessário.
  * **Complexidade de tempo**: O(n) - Complexidade de tempo linear, onde n é o número de elementos na pilha, uma vez que envolve aceder a cada elemento uma vez.

* **Considerações sobre a implementação**

  * **Gestão da memória**: Gestão correcta das atribuições e desatribuições de memória, especialmente para pilhas atribuídas dinamicamente (implementação de listas ligadas).
  * **Tratamento de erros**: Tratamento gracioso de condições de estouro de pilha (para pilhas alocadas estaticamente) e subfluxo (para ambos os tipos).
  * **Desenho de algoritmos**: Conceber algoritmos que utilizem operações de pilha de forma eficiente, tendo em conta as restrições de pilha e os padrões de utilização.

4.3 Aplicações das pilhas

* **Gestão de chamadas de função**

  * **Descrição**: As pilhas são utilizadas para gerir chamadas de funções em linguagens de programação, suportando a invocação de funções e operações de retorno.
  * **Funcionamento**: Quando uma função é chamada, seus parâmetros e endereço de retorno são colocados na pilha. Após a conclusão, o stack frame da função é retirado, devolvendo o controlo à função que a chamou.
  * **Exemplos**: Funções recursivas, chamadas de função aninhadas e gestão do fluxo de execução do programa.

- Avaliação da expressão

  * **Descrição**: As pilhas são essenciais para avaliar expressões aritméticas, particularmente as escritas em notação pós-fixa (Notação Polaca Inversa) ou prefixa.
  * **Operação**: Os operandos são empurrados para a pilha e os operadores accionam os cálculos, retirando os operandos, executando a operação e empurrando os resultados de

volta para a pilha.

- **Exemplo**: Avaliar expressões matemáticas como "3 + 4 * 2" para garantir a precedência e a ordem correcta das operações.

- **Análise de sintaxe**

  - **Descrição**: As pilhas são utilizadas na análise sintáctica e na análise de estruturas gramaticais em compiladores e interpretadores.
  - **Funcionamento**: Gerir estruturas aninhadas, tais como parênteses, colchetes e chavetas, assegurando sequências de abertura e fecho correctas.
  - **Exemplo**: Verificar a correção de expressões, declarações e blocos de código em linguagens de programação.

- **Mecanismos de anulação**

  - **Descrição**: As pilhas suportam operações de desfazer em editores de texto, aplicações gráficas e interfaces de linha de comandos.
  - **Funcionamento**: Armazenamento de estados ou acções anteriores, permitindo aos utilizadores reverter as alterações retirando a última ação da pilha.
  - **Exemplo**: Anular edições de texto, cancelar comandos e reverter transformações gráficas.

- **Algoritmos de retrocesso**

  - **Descrição**: As pilhas ajudam na implementação de algoritmos de retrocesso, em que as decisões são tomadas e potencialmente revertidas com base na exploração de diferentes caminhos.
  - **Funcionamento**: Armazenamento dos estados e das escolhas efectuadas durante a exploração, permitindo um regresso eficaz a pontos de decisão anteriores.
  - **Exemplo**: Resolver problemas como a resolução de labirintos, puzzles de Sudoku e encontrar caminhos em algoritmos de travessia de grafos.

- **Gestão da memória**

  - **Descrição**: As pilhas são utilizadas em sistemas de gestão de memória, tais como a gestão de alocações e desalocações dinâmicas de memória.
  - **Funcionamento**: Rastreamento de blocos de memória alocados e gestão de tempos de vida usando operações push (alocação) e pop (desalocação).

- **Exemplo**: Atribuição de memória a variáveis, objectos e estruturas de dados em linguagens de programação e ambientes de tempo de execução.

- **Correspondência de parênteses**

  - **Descrição**: As pilhas são utilizadas para verificar parênteses equilibrados, colchetes e outros pares de delimitadores em expressões e código.
  - **Funcionamento**: Empurrar delimitadores de abertura para a pilha e abrir para cada delimitador de fecho correspondente, assegurando o encaixe e a ordem correctos.
  - **Exemplo**: Validação da sintaxe em construções de programação como instruções if, loops e definições de funções.

- **Histórico do navegador**

  - **Descrição**: As pilhas gerem o histórico das páginas visitadas nos navegadores web, suportando a navegação através dos botões de retroceder e avançar.
  - **Funcionamento**: Empurrar URLs para a pilha quando se navega para novas páginas e abrir para regressar a páginas anteriores.
  - **Exemplo**: Manter o histórico de sessões e facilitar a navegação do utilizador nas páginas Web.

- **Gestão de tarefas**

  - **Descrição**: As pilhas ajudam a gerir tarefas e a executá-las por ordem "último a entrar, primeiro a sair", o que é útil em sistemas de programação de tarefas e de processamento de tarefas.

  - **Funcionamento**: Colocar tarefas na pilha para execução, garantindo que as tarefas são processadas pela ordem desejada.
  - **Exemplo**: Gestão de trabalhos de impressão em impressoras, tratamento de pedidos em servidores de rede e processamento de transacções em sistemas financeiros.

- Implementações algorítmicas

  - **Descrição**: As pilhas são parte integrante da implementação de vários algoritmos, como a pesquisa em profundidade (DFS) em grafos, a conetividade de componentes e os puzzles algorítmicos.
  - **Funcionamento**: Manter a informação de estado durante a execução do algoritmo,

facilitando a exploração eficiente e a descoberta de soluções.

- **Exemplo**: Resolução de problemas como a torre de Hanói, travessias de árvores e resolução de puzzles matemáticos.

Referências:

Livros

- "Introduction to Algorithms" de Thomas H. Cormen, Charles E. Leiserson, Ronald L. Rivest e Clifford Stein
- "Estruturas de Dados e Algoritmos em Java" por Robert Lafore
- "Algorithms" de Robert Sedgewick e Kevin Wayne
- "Estruturas de Dados e Análise de Algoritmos em C++" de Mark Allen Weiss
- "The Algorithm Design Manual" de Steven S. Skiena

Sítios Web

- GeeksforGeeks (geeksforgeeks.org)
- TutorialsPoint (tutorialspoint.com)
- Coursera (coursera.org)
- Stack Overflow (stackoverflow.com)
- Codecademy (codecademy.com)

Capítulo: 5 Filas de espera

5.1 Introdução às filas de espera

□ **Definição e características**

- **Definição**: Uma fila é uma estrutura de dados linear que segue o princípio FIFO (First In, First Out), em que os elementos são adicionados na parte de trás (enqueue) e removidos na parte da frente (dequeue).

- **Estrutura**: As operações são efectuadas em extremos opostos: enqueue adiciona elementos à retaguarda, dequeue remove elementos da frente.

- **Terminação**: As filas de espera são normalmente implementadas com um tamanho fixo (estáticas) ou com um redimensionamento dinâmico (dinâmicas).

□ **Implementação**

- **Implementação baseada em matrizes**: As filas de espera podem ser implementadas utilizando matrizes, em que as operações ajustam os ponteiros/índices à frente e atrás.

- **Implementação de listas ligadas**: Utilização de listas ligadas, em que cada nó contém um elemento de dados e um ponteiro para o nó seguinte.

□ **Vantagens**

- **Operações eficientes**: As operações de enfileiramento e retirada de fila têm complexidade temporal O(1), tornando as filas eficientes para gerir elementos por ordem FIFO.

- **Simples e fácil de implementar**: A implementação de operações de fila utilizando matrizes ou listas ligadas é simples, exigindo uma sobrecarga mínima.

□ **Desvantagens**

- **Acesso limitado**: O acesso a elementos que não sejam a frente ou a traseira requer a remoção de vários elementos, o que pode ser ineficiente.

- **Estouro de fila**: As matrizes estáticas podem transbordar se o tamanho da fila exceder a sua capacidade atribuída.

- **Gestão dinâmica da memória**: As implementações de listas ligadas podem incorrer em sobrecarga de memória devido ao armazenamento de ponteiros.

Considerações

- **Gestão da memória**: Gestão correcta das atribuições e desatribuições de memória, especialmente para filas atribuídas dinamicamente (implementação de listas ligadas).
- **Tratamento de erros**: Tratamento gracioso das condições de estouro de fila (para filas alocadas estaticamente) e de subfluxo (para ambos os tipos).
- **Conceção de algoritmos**: Conceber algoritmos que utilizem as operações de filas de forma eficiente, tendo em conta as restrições das filas e os padrões de utilização.

5.2 Tipos de filas de espera

As filas de espera podem ser classificadas em vários tipos com base nas suas características específicas e cenários de utilização. Eis os principais tipos:

1. **Fila de espera linear**
   - **Descrição**: Também conhecida como uma fila simples, segue o princípio básico FIFO (First In, First Out).
   - **Características**:
     - Os elementos são adicionados na parte de trás (enqueue) e removidos na parte da frente (dequeue).
     - Funciona com uma matriz ou lista ligada de tamanho fixo (estático) ou redimensionado dinamicamente (dinâmico).
   - **Aplicações**: Fila de espera de uso geral utilizada em sistemas onde os elementos devem ser processados pela ordem de chegada.
2. **Fila de espera circular (Circular Buffer)**
   - **Descrição**: Uma variação de uma fila linear em que o último elemento é ligado de novo ao primeiro elemento, formando uma estrutura circular.
   - **Características**:
     - Utiliza uma matriz de tamanho fixo para evitar a confusão entre a condição de cheio/vazio em filas lineares.
     - As operações envolvem o ajuste dos ponteiros dianteiros e traseiros, ao mesmo tempo que se lidam com as condições de envolvência.
   - **Aplicações**: Utilizado em cenários em que é necessário um processamento contínuo de dados, como aplicações de fluxo contínuo de dados e gestão de recursos com espaço de memória intermédia limitado.

3. **Fila de espera prioritária**

   o **Descrição**: Uma fila em que cada elemento tem uma prioridade associada, e os elementos com prioridades mais elevadas são retirados da fila antes dos elementos com prioridades mais baixas, independentemente da sua ordem de chegada.

   o **Características**:

   - Suporta operações para inserir elementos com prioridades e retirar da fila de espera o elemento de maior prioridade em primeiro lugar.
   - Implementado utilizando heaps, árvores de pesquisa binárias equilibradas ou arrays ordenados.

   o **Aplicações**: Utilizado em várias aplicações em que as tarefas ou eventos têm de ser processados com base na urgência ou importância, tais como sistemas operativos (processos de agendamento) e sistemas de simulação (simulações orientadas por eventos).

4. **Fila de espera dupla (Deque)**

   o **Descrição**: Uma fila que permite a inserção e a eliminação de elementos de ambas as extremidades, anterior e posterior.

   o **Características**:

   - Suporta operações como o enfileiramento em ambas as extremidades (dianteira e traseira) e o desenfileiramento a partir de ambas as extremidades.
   - Pode ser implementado utilizando matrizes ou listas duplamente ligadas.

   o **Aplicações**: Adequado para cenários que requerem operações de inserção e eliminação eficientes em ambas as extremidades, tais como a implementação de algoritmos baseados em deque e a gestão de janelas deslizantes no processamento de dados.

5. **Filas de espera limitadas e não limitadas**

   o **Fila de espera limitada**:

   - Tem um limite máximo de tamanho definido durante a inicialização.
   - As operações de enfileiramento falham se a fila estiver cheia.
   - Normalmente implementado utilizando matrizes com capacidade fixa.

   Fila não limitada:

   - Pode crescer dinamicamente para acomodar qualquer número de elementos.

- As operações de enfileiramento são sempre bem sucedidas, exceto se os limites de memória forem excedidos.
- Implementado utilizando estruturas de dados dinâmicas, como listas ligadas.

6. **Filas de espera bloqueantes e não bloqueantes**
    - **Fila de espera de bloqueio:**
        - As operações de enfileiramento e retirada de fila bloqueiam o segmento que efectua a chamada se a fila estiver vazia (para retirada de fila) ou cheia (para enfileiramento).
        - Utilizado na programação simultânea e em aplicações multithread para gerir a sincronização e a comunicação entre threads.
    - **Fila de espera sem bloqueio:**
        - As operações de enfileiramento e retirada de enfileiramento não bloqueiam o thread de chamada; em vez disso, retornam imediatamente com indicações de sucesso ou falha.
        - Adequado para cenários em que o bloqueio de threads é indesejável ou sensível ao desempenho, frequentemente implementado utilizando operações atómicas ou algoritmos sem bloqueio.

Os diferentes tipos de filas e as suas características ajudam a escolher a implementação de filas adequada com base em requisitos e restrições específicos em vários cenários de desenvolvimento de software e conceção de sistemas. Cada tipo oferece vantagens distintas e é adaptado a diferentes padrões de utilização e considerações de desempenho.

5.3 Aplicações das filas de espera

As filas de espera são estruturas de dados fundamentais com uma vasta gama de aplicações na informática e em sistemas do mundo real. Eis alguns exemplos pormenorizados:

1. **Programação de trabalhos**
    - **Descrição**: As filas de espera são utilizadas para gerir e programar tarefas ou processos nos sistemas operativos.
    - **Operação**: Os processos são adicionados à fila (enqueue) e executados na ordem em que chegam (dequeue).
    - **Exemplo:**

- **Escalonamento Round Robin**: Os processos recebem fatias de tempo iguais e são rodados na fila, garantindo uma distribuição justa do tempo de CPU.
- **Fila de impressão**: Gestão de trabalhos de impressão numa impressora, onde os documentos são impressos pela ordem em que são recebidos.

2. **Armazenamento em buffer**
   - **Descrição**: As filas de espera são utilizadas para armazenar temporariamente dados que estão a ser transferidos entre duas entidades, gerindo o fluxo de dados e assegurando uma transferência de dados sem problemas.
   - **Funcionamento**: Os pacotes de dados são adicionados à fila à medida que vão chegando (enqueue) e processados ou transmitidos pela ordem em que chegaram (dequeue).
   - **Exemplo**:
     - **Buffers de rede**: Armazenamento de pacotes de dados de entrada em routers e comutadores antes do processamento.
     - **Buffers de E/S**: Gerir a transferência de dados entre a CPU e os dispositivos periféricos, como discos rígidos e interfaces de rede.

3. **Pesquisa de largura de banda (BFS)**
   - **Descrição**: As filas de espera são essenciais nos algoritmos de travessia de grafos, particularmente no BFS, que explora os nós nível a nível.
   - **Funcionamento**: Os nós são colocados em fila à medida que são descobertos e retirados da fila para exploração por ordem FIFO.
   - **Exemplo**:
     - **Caminho mais curto em grafos não ponderados**: Encontrar o caminho mais curto entre dois nós num grafo não ponderado usando BFS.

4. **Sistemas de Simulação**
   - **Descrição**: As filas de espera modelam cenários do mundo real em que as entidades esperam em fila para serem atendidas.
   - **Funcionamento**: As entidades (clientes, tarefas, eventos) são colocadas em fila de espera à chegada e retiradas da fila para processamento por ordem FIFO.
   - **Exemplo**:
     - **Simulação de caixa de banco**: Os clientes chegam a um banco e aguardam em fila para serem atendidos.

- **Simulação de Call Center**: Gerir as chamadas recebidas e atribuí-las aos agentes disponíveis.

5. **Gestão de tarefas**
   - **Descrição**: As filas de espera gerem tarefas em sistemas que requerem um processamento ordenado de tarefas ou trabalhos.
   - **Funcionamento**: As tarefas são colocadas em fila à medida que são criadas e retiradas da fila para execução por ordem FIFO.
   - **Exemplo**:
     - **Escalonamento de tarefas em sistemas multithread**: Gerir tarefas num pool de threads, onde as tarefas são atribuídas a threads pela ordem em que chegam.
     - **Processamento de tarefas em segundo plano**: Filas que gerem tarefas em segundo plano em servidores Web ou aplicações.

6. **Sistemas em tempo real**
   - **Descrição**: As filas de espera gerem dados e eventos em tempo real, garantindo um processamento atempado.
   - **Funcionamento**: Os eventos são colocados em fila à medida que ocorrem e retirados da fila para processamento em tempo real.
   - **Exemplo**:
     - **Tratamento de eventos em tempo real**: Gestão de eventos num sistema operativo em tempo real (RTOS) para garantir uma resposta atempada.
     - **Sistemas multimédia**: Tratamento de fluxos de áudio e vídeo em aplicações em tempo real, como a videoconferência.

7. **Sistemas de comunicação**
   - **Descrição**: As filas de espera facilitam a comunicação entre diferentes componentes ou sistemas, assegurando a entrega ordenada de mensagens.
   - **Funcionamento**: As mensagens são colocadas em fila de espera aquando do envio e retiradas da fila aquando da receção.
   - **Exemplo**:
     - **Filas de mensagens**: Gerir a comunicação entre processos (IPC) em sistemas distribuídos ou dentro de um único sistema operativo.
     - **Sistemas de mensagens de middleware**: Utilização de filas de mensagens em plataformas de middleware como RabbitMQ ou Apache Kafka para comunicação assíncrona.

8. **Processamento de fluxos de dados**

   o **Descrição**: As filas de espera tratam fluxos contínuos de dados, processando os elementos à medida que estes chegam.

   o **Funcionamento**: Os elementos de dados são colocados em fila de espera à medida que chegam e são processados por ordem FIFO.

   o **Exemplo**:

   - **Processamento de registos**: Análise de entradas de registo em tempo real para monitorização e alerta.

   - **Processamento de dados de sensores**: Gestão e processamento de dados de sensores em aplicações IoT (Internet of Things).

9. **Mecanismos de anulação**

   o **Descrição**: As filas de espera suportam operações de anulação em aplicações de software.

   o **Operação**: As acções são colocadas em fila à medida que ocorrem e retiradas da fila (invertidas) para operações de anulação.

   o **Exemplo**:

   - **Editores de texto**: Gerir operações de desfazer e refazer em software de edição de texto.

   - **Aplicações gráficas**: Suporte da funcionalidade de anulação em aplicações de desenho ou design gráfico.

10. **Sistemas de processamento de encomendas**

   o **Descrição**: As filas de espera gerem as encomendas nos sistemas de comércio eletrónico e de retalho, assegurando que as encomendas são processadas na sequência em que são recebidas.

   o **Funcionamento**: As encomendas são colocadas em fila de espera aquando da colocação e retiradas da fila de espera para processamento e cumprimento.

   o **Exemplo**:

   - **Gestão de encomendas de comércio eletrónico**: Tratamento das encomendas dos clientes em plataformas de compras em linha, processando-as pela ordem em que são efectuadas.

   - **Gestão de armazéns**: Gestão de tarefas de recolha e embalagem em armazéns com base na ordem de receção.

Referências:

Livros

- "Introduction to Algorithms" de Thomas H. Cormen, Charles E. Leiserson, Ronald L. Rivest e Clifford Stein
- "Estruturas de Dados e Algoritmos em Java" por Robert Lafore
- "Algorithms" de Robert Sedgewick e Kevin Wayne
- "Estruturas de Dados e Análise de Algoritmos em C++" de Mark Allen Weiss
- "The Algorithm Design Manual" de Steven S. Skiena

Sítios Web

- GeeksforGeeks (geeksforgeeks.org)
- TutorialsPoint (tutorialspoint.com)
- Coursera (coursera.org)
- Stack Overflow (stackoverflow.com)
- Codecademy (codecademy.com)

Capítulo: 6 Gráficos

6.1 Introdução aos gráficos

Os grafos são uma estrutura de dados fundamental utilizada para modelar relações de pares entre objectos. São amplamente utilizados na informática e em domínios relacionados para representar redes, relações e várias outras estruturas. Segue-se uma introdução pormenorizada aos grafos:

1. **Definição e terminologia**
   - **Definição**: Um grafo GGG é composto por um conjunto de vértices VVV (também chamados de nós) e um conjunto de arestas EEE que ligam pares de vértices. Um grafo pode ser formalmente representado por $G=(V,E)G = (V, E)G=(V,E)$.
   - **Vértices (nós)**: As entidades individuais ou pontos no gráfico. Por exemplo, num grafo de uma rede social, os vértices podem representar pessoas.
   - **Arestas (ligações)**: As ligações entre os vértices. Cada aresta pode ser representada como um par de vértices (u, v). Por exemplo, num grafo de uma rede social, uma aresta pode representar uma amizade entre duas pessoas.
   - **Grau**: O grau de um vértice é o número de arestas a ele ligadas. Num grafo dirigido, o grau de entrada é o número de arestas que entram e o grau de saída é o número de arestas que saem.
2. **Tipos de gráficos**
   - **Gráfico não direcionado**: Um grafo em que as arestas não têm direção. Ou seja, (u, v) é o mesmo que (v, u). As relações são bidireccionais.
   - **Gráfico dirigido (Digraph)**: Um grafo em que as arestas têm uma direção, representada por setas. Ou seja, (u, v) é diferente de (v, u). As relações são unidireccionais.
   - **Gráfico ponderado**: Um gráfico em que cada aresta tem um peso ou custo associado a ela. Os pesos podem representar distâncias, custos ou qualquer outra métrica.
   - **Gráfico não ponderado**: Um grafo em que todas as arestas são consideradas como tendo o mesmo peso (muitas vezes implicitamente tratado como 1).
   - **Gráfico cíclico**: Um grafo que contém pelo menos um ciclo (um caminho em que o primeiro e o último vértices são os mesmos).
   - **Gráfico Acíclico**: Um grafo sem ciclos. Os grafos acíclicos dirigidos (DAGs) são importantes na programação e gestão de tarefas.
   - **Gráfico conectado**: Um grafo não direcionado no qual existe um caminho entre

qualquer par de vértices.

- o **Grafo desconectado**: Um grafo não direcionado em que pelo menos um par de vértices não tem um caminho entre eles.
- o **Gráfico completo**: Um grafo no qual existe uma aresta entre cada par de vértices.

3. **Representação de gráficos**

- o **Matriz de adjacência**: Uma matriz 2D de tamanho $V*VV \times VV*V$, em que VVV é o número de vértices. O elemento na linha iii e coluna jjj representa a presença (e possivelmente o peso) de uma aresta entre os vértices iii e jjj.
- o **Lista de Adjacência**: Uma matriz de listas. O índice da matriz representa um vértice, e cada elemento da lista representa os vértices que são adjacentes ao vértice indexado.
- o **Lista de arestas**: Uma lista de todas as arestas no grafo, onde cada aresta é representada como um par de vértices (e possivelmente o peso).

4. **Travessia de gráficos**

- o **Pesquisa em profundidade (DFS)**: Um algoritmo para percorrer ou pesquisar estruturas de dados de árvores ou gráficos. Começa na raiz (ou num nó arbitrário) e explora o mais possível ao longo de cada ramo antes de voltar atrás.
- o **Breadth-First Search (BFS)**: Um algoritmo para percorrer ou pesquisar estruturas de dados de árvores ou grafos. Começa na raiz (ou num nó arbitrário) e explora os nós vizinhos na profundidade atual antes de passar para os nós no nível de profundidade seguinte.

5. **Aplicações de gráficos**

- o **Redes sociais**: Representar relações entre pessoas, analisar ligações e encontrar influenciadores.
- o **Redes de computadores**: Representar e gerir redes de computadores e caminhos de encaminhamento.
- o **Redes biológicas**: Modelação de relações em sistemas biológicos, tais como interacções entre proteínas.
- o **Gráficos da Web**: Representação da estrutura da World Wide Web, com páginas como vértices e hiperligações como arestas.
- o **Redes de transportes**: Gestão de rotas e ligações em sistemas de transporte como estradas, caminhos-de-ferro e tráfego aéreo.
- o **Programação**: Utilização de gráficos acíclicos direccionados (DAGs) para modelar o agendamento e as dependências de tarefas.

6. **Algoritmos de grafos**

  - o **Algoritmos de caminho mais curto**: Encontrar o caminho mais curto entre vértices (por exemplo, o algoritmo de Dijkstra, o algoritmo de Bellman-Ford).

  - o **Algoritmos de Árvore Mínima de Varrimento (MST)**: Encontrar o subconjunto de arestas que formam uma árvore e ligam todos os vértices com o peso total mínimo das arestas (por exemplo, algoritmo de Kruskal, algoritmo de Prim).

  - o **Ordenação topológica**: Ordenação de vértices num grafo acíclico dirigido (DAG) de modo a que, para cada aresta dirigida u^vu vu^v, o vértice u venha antes de v.

7. **Conceitos de teoria dos grafos**

  - o **Caminho e Circuito Euleriano**: Um caminho Euleriano visita cada aresta exatamente uma vez, e um circuito Euleriano é um caminho Euleriano que começa e termina no mesmo vértice.

  - o **Trajetória e Circuito Hamiltoniano**: Uma trajetória hamiltoniana visita cada vértice exatamente uma vez, e um circuito hamiltoniano é uma trajetória hamiltoniana que começa e termina no mesmo vértice.

8. **Desafios na teoria dos grafos**

  - o **Isomorfismo de grafos**: Determinar se dois grafos são isomorfos (estruturalmente idênticos).

  - o **Coloração de grafos**: Atribuição de cores aos vértices de modo a que não haja dois vértices adjacentes com a mesma cor.

  - o **Problemas de fluxo de rede**: Encontrar formas óptimas de encaminhar o fluxo através de uma rede (por exemplo, o algoritmo Ford-Fulkerson para o fluxo máximo).

6.2 Representações de Grafos (Matriz de Adjacência, Lista de Adjacência)

Os grafos podem ser representados de várias formas, sendo a matriz de adjacência e a lista de adjacência as representações mais comuns. Cada representação tem as suas próprias vantagens e compensações em termos de complexidade espacial, complexidade temporal e facilidade de utilização.

1. *Matriz de Adjacência*

  - **Definição**: Uma matriz de adjacência é uma matriz 2D de tamanho $V \times V$, onde V é o número de vértices do grafo. O elemento na linha i e na coluna j representa a presença (e possivelmente o peso) de uma aresta entre os vértices i e j.

- **Estrutura**:
  - o **Grafo não direcionado**: A matriz é simétrica, ou seja, matriz[i][j]=matriz[j][i]\text{ matriz } [i] [j]= \text{matrix}[j][i]matrix[i][j]=matrix[j][i].
  - o **DirectedGraph**: A matriz não é necessariamente simétrica. matriz[i][j]\text{matriz}[i][j]matriz[i][j] indica uma aresta do vértice iii para o vértice jjj.
  - o **Gráfico ponderado**: O valor em matrix[i][j]\text{matrix}[i][j]matrix[i][j] representa o peso da aresta. Para grafos não ponderados, este valor é tipicamente 1 .
  - o **Gráfico não ponderado**: O valor em matrix[i][j]\text{matrix}[i][j]matrix[i][j] é normalmente 1 se existir uma aresta e 0 caso contrário.
- **Exemplo**:

Gráfico:

A -- B

| / |

| / |

C -- D

Matriz de Adjacência:

A B C D

A [0, 1, 1, 0]

B [1, 0, 1, 1]

C [1, 1, 0, 1]

D [0, 1, 1, 0]

- **Vantagens**:
  - o **Simplicidade**: Fácil de implementar e compreender.

o **Pesquisa rápida de arestas**: Verificar a presença de uma aresta entre dois vértices quaisquer é O(1)O(1)O(1).

- **Desvantagens**:
  o **Complexidade espacial**: Requer espaço O(V2)O(V^A 2)O(V2), o que pode ser ineficiente para grafos esparsos (grafos com relativamente poucas arestas).
  o **Ineficiente para grafos esparsos**: A maioria das entradas da matriz pode ser 0, o que leva a um desperdício de espaço.

2. *Lista de Adjacência*

- **Definição**: Uma lista de adjacência é um conjunto de listas. O índice da matriz representa um vértice, e cada elemento da lista representa os vértices que são adjacentes ao vértice indexado.
- **Estrutura**:
  o **Gráfico não direcionado**: Cada aresta é representada duas vezes, uma para cada vértice.
  o **Gráfico dirigido**: Cada aresta é representada uma vez, na lista do vértice de origem.
  o **Gráfico ponderado**: Cada elemento da lista pode incluir tanto o vértice como o peso da aresta.
- **Exemplo**:

Gráfico:

A -- B

| / |

| / |

C -- D

Lista de Adjacência:

A: B, C

B: A, C, D

C: A, B, D

D: B, C

- **Vantagens**:
  - **Eficiência de espaço**: Requer espaço $O(V+E)O(V + E)O(V+E)$, onde EEE é o número de arestas. Isto é mais eficiente em termos de espaço para grafos esparsos.
  - **Travessia eficiente**: Mais fácil de iterar sobre os vizinhos de um vértice, tornando-o adequado para algoritmos como DFS e BFS.
- **Desvantagens**:
  - **Pesquisa de arestas**: A verificação da presença de uma aresta específica pode demorar $O(V)O(V)O(V)$ no pior dos casos, uma vez que pode ser necessário percorrer uma lista.

- **Escolha da representação**:
  - Utilizar uma matriz de adjacência se o grafo for denso e o espaço não for uma preocupação importante.
  - Utilizar uma lista de adjacência se o grafo for esparso e a utilização eficiente do espaço for importante.
- **Aplicações**:
  - **Matriz de adjacência**: Útil em aplicações em que a pesquisa rápida de arestas é crucial, como na análise de redes e consultas de adjacência.
  - **Lista de Adjacência**: Preferida em algoritmos de travessia e cenários em que a eficiência da memória é importante, como no rastreamento da Web e na análise de redes sociais.

6.3 Algoritmos de travessia de grafos (DFS, BFS)

Os algoritmos de travessia de grafos são utilizados para visitar todos os vértices e arestas de um grafo. Os dois algoritmos de travessia mais comuns são o Depth-First Search (DFS) e o Breadth-First Search (BFS). Estes algoritmos são fundamentais para muitos problemas e aplicações relacionados com grafos.

1. Pesquisa em profundidade (DFS)

Definição: A pesquisa em profundidade (DFS) é um algoritmo para percorrer ou pesquisar estruturas de dados em árvores ou grafos. O algoritmo começa num nó de origem e explora o mais possível ao longo de cada ramo antes de voltar atrás.

Algoritmo:

1. Comece na raiz (ou num nó arbitrário de um grafo).

2. Explorar o mais possível ao longo de cada ramo antes de voltar atrás.

3. Utilize uma pilha (uma pilha explícita ou a pilha de chamadas através de recursão) para manter o registo dos vértices a visitar.

Pseudocódigo (Recursivo):

```
def DFS(graph, vertex, visited):

    visited.add(vertex)

    for neighbor in graph[vertex]:

        if neighbor not in visited:

            DFS(graph, neighbor, visited)


# Usage

visited = set()

DFS(graph, start_vertex, visited)
```

Pseudocode (Iterative):
```
def DFS(graph, start):
    visited = set()

    stack = [start]

    while stack:

        vertex = stack.pop()

        if vertex not in visited:

            visited.add(vertex)

            stack.extend(neighbor for neighbor in graph[vertex] if neighbor not in visited) return

        visited

# Usage

visited_nodes = DFS(graph, start_vertex)
```

Exemplo: Considere um grafo representado como uma lista de adjacência:

gráfico = {

   'A': ['B', 'C'],

   'B': ['A', 'D', 'E'],

   'C': ['A', 'F'],

   'D': ['B'],

   'E': ['B', 'F'],

   'F': ['C', 'E']

}

Iniciando a DFS a partir do vértice "A", os vértices seriam visitados pela seguinte ordem (uma ordem possível) A, B, D, E, F, C

Aplicações:

- Percurso e resolução de labirintos.
- Seleção topológica.
- Deteção de ciclos num gráfico.
- Resolver puzzles como o Sudoku.

Complexidade:

- Complexidade temporal: $O(V+E)O(V + E)O(V+E)$, onde VVV é o número de vértices e EEE é o número de arestas.
- Complexidade espacial: $O(V)O(V)O(V)$ devido ao conjunto visitado e à pilha (ou pilha de chamadas de recursão).

2. Pesquisa de largura de banda (BFS)

Definição: A pesquisa em largura (BFS) é um algoritmo para percorrer ou pesquisar estruturas de dados de árvores ou grafos. O algoritmo começa na raiz (ou num nó arbitrário de um grafo) e explora os nós vizinhos na profundidade atual antes de passar para os nós no nível de profundidade seguinte.

Algoritmo:

1. Comece na raiz (ou num nó arbitrário de um grafo).

2. Utilize uma fila para manter o registo dos vértices a visitar.

3. Colocar um vértice em fila, marcá-lo como visitado e colocar em fila todos os seus vizinhos não visitados.

4. Repetir até a fila estar vazia.

Pseudocode: from collections import deque
def BFS(graph, start):

```python
from collections import deque
def BFS(graph, start):

    visited = set()

    queue = deque([start])

        while queue:

        vertex = queue.popleft()

        if vertex not in visited:

            visited.add(vertex)

            queue.extend(neighbor for neighbor in graph[vertex] if neighbor not in visited) return

        visited

# Usage

visited_nodes = BFS(graph, start_vertex)
```

Exemplo: Considere um grafo representado como uma lista de adjacência:

```python
gráfico = {

  'A': ['B', 'C'],

  'B': ['A', 'D', 'E'],

  'C': ['A', 'F'],

  'D': ['B'],
```

'E': ['B', 'F'],

'F': ['C', 'E'] }

Iniciando a BFS a partir do vértice "A", os vértices seriam visitados pela seguinte ordem A, B, C, D, E, F

Aplicações:

- Encontrar o caminho mais curto num grafo não ponderado.
- Percurso de ordem de nível de uma árvore.
- Aplicações de rede peer-to-peer.
- Rastreadores da Web.

Complexidade:

- Complexidade temporal: $O(V+E)O(V + E)O(V+E)$, onde VVV é c número de vértices e EEE é o número de arestas.
- Complexidade espacial: $O(V)O(V)O(V)$ devido ao conjunto visitado e à fila de espera.

Comparação entre DFS e BFS

Aspeto	Pesquisa em profundidade (DFS)	Pesquisa em largura (BFS)
Estratégia	Explorar o mais longe possível ao longo de um ramo profundidade atual antes de recuar.	Explorar todos os vizinhos na antes de passar ao nível seguinte.
Dados Estrutura	Pilha (pode ser implementada utilizando recursão).	
Casos de utilização	Pathfinding, ordenação topológica, ciclo deteção de pares,	Caminho mais curto em grafos não ponderados, redes puzzles.peer , rastreio da Web.
Memória Utilização	Pode ser mais eficiente em termos de memória (para árvores ou grafos esparsos).	Pode utilizar mais memória, grafos.
Travessia Encomendar	Primeiro os nós mais profundos, depois o backtracking.	Nível a nível.
Ciclo Deteção	utilizando o conjunto visitado.	Sim, utilizando o conjunto visitado. Sim,

Referências:

Livros

- "Introduction to Algorithms" de Thomas H. Cormen, Charles E. Leiserson, Ronald L. Rivest e Clifford Stein
- "Estruturas de Dados e Algoritmos em Java" por Robert Lafore
- "Algorithms" de Robert Sedgewick e Kevin Wayne
- "Estruturas de Dados e Análise de Algoritmos em C++" de Mark Allen Weiss
- "The Algorithm Design Manual" de Steven S. Skiena

Sítios Web

- GeeksforGeeks (geeksforgeeks.org)
- TutorialsPoint (tutorialspoint.com)
- Coursera (coursera.org)
- Stack Overflow (stackoverflow.com)
- Codecademy (codecademy.com)